ÉLOGE
FUNÉBRE
DE MESSIRE
PIERRE PILLAS,
BACHELIER DE SORBONNE,
CURÉ DOYEN
DE LA VILLE DE RETHEL-MAZARIN,

Conseiller Clerc au Présidial de Sedan.

PRONONCÉ Pendant le Service fait par le Bureau de Charité, dans l'Eglise Paroissiale de la même Ville, le 5 Décembre 1783, par le R. P. DEHAYE, *Exprovincial des Minimes de Champagne.*

A CHARLEVILLE,

Chez P. F. GUYOT, Imprimeur de S. A. S. Mgr. le Prince DE CONDÉ, rue du Moulin.

Et se trouve A RETHEL,

Chez MIGNY, Libraire, Place de la Halle.

1783.

Avec Approbation & Permission.

ELOGE FUNEBRE
DE MESSIRE
PIERRE PILLAS,
BACHELIER DE SORBONNE,
CURÉ DOYEN
DE LA VILLE DE RETHEL-MAZARIN,
Conseiller Clerc au Présidial de Sedan.

PRONONCÉ pendant le Service fait par le Bureau de Charité, dans l'Eglise Paroissiale de la même Ville, le 5 Décembre 1783, par le R. P. DEHAYE, Ex-provincial des Minimes de Champagne.

EXORDE.

✠✠✠✠✠✠✠✠✠✠✠✠✠✠

Dilectus Deo & hominibus, cujus memoria in benedictione est. Eccli. 45. 1.

Il eut pour ami Dieu & les hommes, & laissa sa mémoire en bénédiction.

DIEU est juste, & tous les hommes ne sont pas méchans. Malgré les passions qui les égarent & l'intérêt qui les aveugle, s'ils n'ont pas le courage d'embrasser la vertu, ils n'ont pas l'injustice de la haïr; ils sont sensibles à ses charmes touchans. Si le juste essuie quelquefois la persécution de l'impie, plus souvent encore il le force au respect. Mais le public lui défére toujours la vénération, les hommages. La Société accorde la bienveillance à sa candeur, la confiance à son intégrité, l'estime à ses mœurs. Il est honoré de ses concitoyens : une vie paisible & tranquille est le fruit de sa sagesse; & si le maître de la Religion, consulté sur le véritable esprit de la Loi, avait réduit l'essence des préceptes à aimer Dieu & le prochain : par un retour naturel, le juste trouve la récompense de sa fidélité à la Loi dans le bonheur d'être aimé de Dieu & des hommes : *Dilectus Deo & hominibus, cujus memoria in benedictione est.*

Quel témoignage plus frappant de cette prérogative de la vertu, de son empire, sur les cœurs, que celui que nous avons dans la personne de Messire PIERRE PILLAS, CURÉ DOYEN DE RETHEL, BACHELIER DE SORBONNE, CONSEILLER CLERC AU PRÉSIDIAL DE SEDAN ? Quelle affection, quel amour, quelle tendre vénération ne nous avait-il pas inspirée par ses vertus ? Quel pouvoir n'exerçait-il pas sur les cœurs? Quelle autorité n'avait-il pas prise ſur les eſprits ? Nous le reſpections comme un Sage, nous le chériſſions comme un pere ; & les éclats de la douleur publique, à ſa mort, la déſolation des pauvres, la conſternation des riches, les larmes de tous les Ordres des Citoyens, les regrets de tous les cœurs, ces louanges, ces bénédictions données à ſa mémoire, n'atteſtent-ils pas la vérité de cette maxime de la Morale chrétienne : que ſi la vertu du juſte le rend précieux devant Dieu, elle ne le rend pas moins agréable & cher aux hommes ? *Dilectus*, &c.

On n'entend guère célébrer dans les Chaires chrétiennes que la mémoire des Grands. La Religion permet à ſes Orateurs de publier leurs vertus, pour apprendre aux mondains que l'opulence, les grandeurs ne les diſpenſent pas d'être vertueux ; que parmi les vanités du ſiécle & les pompes mondaines, dans une condition qui ſemble autoriſer la molleſſe, les voluptés, les délices, parmi les ſéductions du vice & les dangers du crime, la vertu n'eſt pas impoſſible, puiſqu'elle a ſes exemples & ſes héros. Cette émulation manque au peuple : on ne parle de lui ni pendant ſa vie, ni à ſa mort. Sa vertu eſt condamnée à l'oubli comme lui. Il en conclut que ſa vie eſt indifférente à Dieu comme aux hommes ; qu'il eſt réſervé aux Grands d'être vertueux ; qu'ils ont à la vertu le même droit excluſif, qu'ils ſe ſont attribué à la réputation, à la gloire.

Je ne célebre ici ni la gloire, ni les talens, ni les actions éclatantes. Je ne propoſe ni l'humilité, avec les avantages de la naiſſance, ni la piété dans les grandeurs, ni la modération dans la grande fortune, ni la Religion ſur le Trône, ni la mortification dans les Cours. C'eſt l'homme juſte dans une condition ſainte, mais commune ; c'eſt la vertu dans cet état de médiocrité, où elle croît plus heureuſement ; c'eſt de l'héroïſme attaché à des actions ſans éclat : c'eſt le Miniſtère du Sacerdoce exercé ſaintement, du zèle pour la Religion, de l'ardeur pour le ſalut des ames : c'eſt de la ſenſibilité pour les malheureux, des entrailles de miſéricorde pour les pauvres : c'eſt la bonté, la bienfaiſance, tous les ſentimens humains, appliqués, ſelon les circonſtances, aux beſoinsde l'humanité.

Tel fut l'homme que vous regrettez & dont j'entreprens l'éloge ; telles ſont les vertus qui l'ont rendu précieux devant Dieu, qui lui ont mérité les bénédictions des hommes. Vertus communes à la portée de tous les rangs : vertus grandes parelles-mêmes, qui ne sont relevées par aucun accessoire étranger ; qui n'empruntent point leur gloire de l'homme ; mais qui couvrent l'homme d'une gloire digne de l'immortalité : vertus qui ne lui donneront pas un nom brillant, qui ne répandront pas sa renommée chez les nations ; qui ne lui mériteront pas une place dans les fastes de l'Histoire ; il lui suffisait qu'elles fussent connues de Dieu : en un mot, sa vertu fut de mettre sa gloire à rendre son ministère utile à la Religion, son bonheur à le rendre cher aux hommes. Telle est la matière de l'éloge que nous consacrons à la mémoire du Pasteur le plus zélé, le plus fidèle ; de l'homme le plus chéri, le plus regretté, le plus digne de l'être, de Messire PIERRE PILLAS, CURÉ DOYEN DE RETHEL, BACHELIER DE SORBONNE, CONSEILLER CLERC AU PRÉSIDIAL DE SEDAN.

Citoyens généreux & sensibles, qui partagez avec lui le titre honorable de peres du pauvre peuple, & le soin de veiller sur les miseres publiques, est-ce pour honorer sa mémoire que nous lui consacrons cet hommage ? la bienfaisance est au-dessus de tous les éloges. Dépositaires de ses libéralités, quelque soin que sa main prît de le cacher, vous connaissez de ses vertus plus que je n'en vais publier. Eſt-ce pour graver ſon ſouvenir dans le cœur du pauvre ? Objets déplorables de ſa pitié, ce jour eſt un monument aſſez mémorable pour vous ; ce jour qui prolonge ſon exiſtence par ſes bienfaits, qui vous apprend que vous fûtes les objets de ſes derniers ſentimens, de ſon dernier amour ; ce jour où l'indigent, encore un moment heureux pour lui, arroſant de ſes larmes les vêtemens qui vont le défendre contre la rigueur des ſaiſons, le pain qui va ſuſpendre le tourment de ſa faim, ſe dit, en ſoupirant ſur ces bienfaits, que ce ſont les derniers ; ce jour eſt trop capable d'éterniſer ſon ſouvenir & ſes regrets. Homme bienfaiſant, homme précieux à l'humanité malheureuſe, ce n'eſt que pour tromper la douleur de vos enfans, que nous allons leur parler des vertus de leur pere.

PREMIERE PARTIE.

Le Miniſtère le plus ſublime où un homme puiſſe être élevé, eſt celui de Curé. Ses rapports avec la Religion, ſon influence ſur l'état ſocial, les qualités qu'il demande, les devoirs qu'il impoſe, lui donnent une importance dont la foibleſſe humaine eſt effrayée. Un bon Curé !

quel éloge renfermé dans ce mot ! quel être précieux à la Religion ! quel être intéressant pour ceux à qui elle est chére ! Ce qui le caractérise, ce n'est point quelque qualité remarquable, quelque trait frappant de vertu. Il n'est point tel, ou parce qu'il brille par les talens & les sciences, ou parce qu'il fait respecter la pureté de ses mœurs, ou parce qu'il se dévoue avec un zèle Apostolique aux travaux de son ministère. Ce qui le constitue, ce sont tous ces mérites à la fois, c'est l'ensemble de tous ces dons possédés éminemment. Il est rare que l'homme atteigne à cette élévation ; le grand nombre n'y atteint jamais. Aussi dans cet état, on doit des éloges à la médiocrité, un mérite vulgaire est encore estimable. C'est une indulgence qu'on doit à la paresse où à l'impuissance de la nature, qui produit beaucoup, perfectionne peu, est avare du parfait & du beau en tout genre. Si je disais que M. Pillas remplit exactement cette idée magnifique, j'aurais l'air d'exagérer, & l'exagération est toujours froide. Mais s'il ne posséda pas parfaitement l'esprit du Sacerdoce, au moins ne négligea-t-il rien pour s'élever à la hauteur de son ministère, ou pour le remplir.

Son mérite était l'ouvrage de toute sa

vie. Le Sacerdoce n'est, pour quelques hommes, qu'un arrangement de famille, un plan de fortune; motif honteux qui, porté dans une profession sainte, rend indifférent au soin d'en être digne. Il ne souilla point un choix si saint par des vues profanes d'ambition ou d'intérêt. Il n'avait pas lieu d'espérer dans l'Eglise une fortune beaucoup au-dessus de la sienne; & ses facultés lui assuraient toujours dans le monde une existence aisée dans une condition honnête. Lui, des projets d'opulence & de fortune! Homme bienfaisant & généreux, que votre cœur aurait trompé les calculs de votre esprit! Il n'écouta que son amour pour la Religion; il fut entraîné dans le sanctuaire par le desir d'y être utile.

L'innocence de la vie, l'intégrité des mœurs, c'est le premier mérite d'un Prêtre: mais ce n'est pas le seul que la Religion lui demande. Elle exige qu'il ait des connoissances, de la doctrine, que le dépôt de la Science soit sur ses lévres (1). Puisque vous avez rejetté la Science, dit le Seigneur (2), je vous rejetterai vous mê-

(1) Labia Sacerdotis custodient Scientiam. Malach. 2. 7.

(2) Quia tu Scientiam repulisti, repellam te, ne sacerdotio fugaris mihi. *Osée v. 6.*

me ; je vous ôterai le Sacerdoce de mon Temple. En effet, si le Pasteur se contente d'être saint, dit St. Isidore (1), il n'est utile qu'à lui-même : & la Religion l'appelle pour être utile aux autres par l'instruction. La Théologie est la Science du Sacerdoce : cette raison avait suffi à M. Pillas pour être Théologien. Il avait fait sa Licence en Sorbonne avec distinction. Il n'avait pas étudié parce que la Science est la clé du Sanctuaire ; il n'avait pas étudié pour être Savant ; son objet était d'être utile. Il avait été avide de l'instruction pour être en état de la répandre. Aussi dès qu'il crut en avoir acquis un fonds suffisant, après avoir fait ses preuves dans ses Thèses de Bachelier, dédaignant l'ostentation de la Science, & le titre fastueux de Docteur enflammé du desir d'être utile, plein de l'ardeur de l'essayer dans le Ministère, il se hâte de revenir dans le Diocèse offrir ses services & son zèle, & bientôt il a l'occasion de l'exercer dans la Cure de Douzy dont il est pourvu.

O ! comme tous ses voeux étaient remplis ; comme je sens dans un cœur tel que

---

(1) Si Episcopi tantùm sancta sit vita, sibi soli prodeat sic vivens. *Isid. Lib. 2. Off. ad S. Fulgent.*

le sien, le bonheur de n'être pas un Serviteur inutile, d'être employé à l'œuvre de Dieu! L'ouvrage était fastidieux & rebutant; il ne l'attachait que davantage; il n'était que plus adapté à son grand courage. Il en faut, il faut de la patience, pour enseigner la raison, la sagesse aux hommes agrestes & sauvages de la campagne; pour inculquer à l'ignorance une instruction tardive & long-tems sans succès; pour inspirer le goût de la vertu à des ames, sans énergie, sans noblesse. Mais si ce ministère a ses dégoûts, qu'il a bien ses dédommagemens, ses consolations! Si l'homme des champs a la rudesse de la nature, il est simple comme elle; son ame douce en a la sensibilité, ses mœurs en ont l'innocence. Il n'a que les vices de la nature; il n'a pas ceux de l'éducation, ceux du luxe, ceux du désœuvrement. Le Curé de campagne n'a point à combattre la corruption, les débauches, l'immoralité des Villes: il est rare qu'un scandale vienne affliger son zèle. Si l'instruction est fastidieuse & pénible avec les ignorans, est-elle bien consolante avec les beaux esprits? La Philosophie superbe indigne par son obstination; la simple ignorance intéresse du moins par sa docilité. Eh! quelle douce récompense ne trouve-t-on pas dans le respect & l'amour de ces ames naïves & sensibles? quel charme de vivre concentré dans ce petit cercle d'hommes innocens & paisibles, loin du tumulte du monde, à l'abri des persécutions, des fourberies, de la scélératesse des Villes! Ah! si le Ciel m'avait donné, dans un coin de terre, un petit troupeau de ces hommes simples à gouverner! comme j'aurais été leur pere & leur ami! avec quelle tendresse je les eusse aimés! avec quelle sensibilité j'eusse partagé leurs peines! avec quelle satisfaction j'aurais mérité d'en être béni! O vous, si digne de goûter ces plaisirs du sentiment, ce bonheur de l'ame, respectable Pillas, vous n'en avez pas joui longtems! On remarqua bientôt ses talens: on reconnut la surabondance de son zèle dans une petite Paroisse; la disproportion entre son courage & la matière de son travail. La Religion ne tirait pas assez de parti de la magnanimité de son caractère; sur un théâtre plus étendu, son mérite pouvait avoir plus de développement. O Providence, ô bonté, qui veilles sur nous du haut des Cieux! époque à jamais mémorable de reconnaissance & de bénédiction! Il est nommé à la Cure de Rethel.

Dans cette place difficile pour un jeune

homme ; il ſentit croître l'importance de ſon Miniſtère, ſes obligations s'étendre, le fardeau s'appéſantir. Ce n'étaient plus ces hommes ſimples de la campagne, à qui ſuffiſent des inſtructions ſimples comme eux. C'était un peuple nombreux à gouverner, des eſprits moins flexibles à manier, des eſprits plus cultivés à inſtruire ou à éclairer. C'étaient les vices du luxe & de la richeſſe, ceux de la Philoſophie & de l'incrédulité à combattre : c'étaient des abus d'un autre genre, de nouvelles mœurs, un nouveau caractère d'hommes. Pour ſervir utilement la Religion, il ne fallait pas ſeulement plus de zèle, mais plus d'étude, un ſavoir plus profond, un mérite plus conſommé, une plus grande connoiſſance des hommes, des inſtructions plus relevées, & peut-être de nouvelles maximes. Il craignit d'être au-deſſous de ſa place : il ne le parut pas un inſtant ; un travail aſſidu, opiniâtre, accrut ou développa ſes talens, étendit ſes facultés, le mit en état de ſuffire à tout.

Alors commença cette vie ſtudieuſe, occupée, qu'il ne diſcontinua jamais : alors la lecture & les réflexions remplirent ſes journées ; les nuits perdues pour le ſommeil tournerent au profit de ſon eſprit. Ces nuits étaient fréquentes ; le ſommeil avait peu de prise sur cette tête, dont les organes mobiles étaient toujours éveillés par leur activité naturelle, ou par le soin des affaires dont elle était remplie, ou par les méditations dont elle était frappée. Le soleil le surprenait rarement au lit ; & quand le reste des hommes recommençaient leur journée laborieuse, il avait déjà fini la sienne.

S'il cultiva la nature, elle ne lui fût pas ingrate. Il n'était pas de ceux dont elle refuse de seconder le travail courageux. Avec une tête froide & réfléchie, douée d'une vaste mémoire, capable de contenir tout ce qu'il y déposait ; de quelle érudition immense, de combien de connaissances il en fit le réservoir ! cette riche Bibliothéque, considérable pour un simple Citoyen, elle ornait son esprit, autant qu'elle meublait son cabinet. Il l'avait formée en détail, & en avait lu tous les volumes, à mesure qu'ils avaient été acquis. Sa conversation était d'un homme instruit ; la littérature avait poli son esprit ; il jugeait des Arts avec goût ; les Sciences ne lui étaient pas étrangères : il avait assez de politique pour prendre de l'intérêt aux évènemens de son siècle : mais il avait approfondi l'Histoire ; il l'avait lue en homme éclairé ; il n'en avait point fait une étude séche de dates, d'anecdotes plus propres à orner l'esprit qu'à l'instruire; il avait lié cette étude à celle de la Religion. Parmi les évènemens, les révolutions, à travers les commencemens foibles, les progrès rapides de l'Eglise, dans l'alternative de ses afflictions & de ses prospérités, de ses triomphes & de ses disgraces, il suivait les miracles du Ciel, les influences de la protection divine sur le Christianisme, le développement successif des mystères, l'unité de croyance, à travers les changemens de la discipline, la pureté inaltérable de la doctrine, au milieu des révolutions, dans les Etats, dans les esprits, dans les mœurs. Il connaissait tous les Conciles; les hérésies qui les avaient occasionnés, les décisions qui en étaient sorties. Il faisait de l'Histoire le fondement de la Théologie. Théologie, connaissance de Dieu, Science de la Religion, & des Mœurs, vous étiez son objet de préférence. C'étai de vos sublimes contemplations qu'il s'occupait avec le plus de plaisir; c'était d votre esprit qu'il s'était appliqué à se remplir. Il l'avait puisée dans les véritabl sources; il s'était attaché à la lecture d l'Ecriture Sainte; il la savait par cœur. I avait lu avec fruit les S. S. Peres, sans l commerce desquels on n'est jamais Thé logien. De quelle difficulté n'aurait-il pas donné l'explication ? quelle question de Morale n'aurait-il pas résolue ? à quelle objection de l'héréfie ancienne ou de la Philosophie moderne n'aurait-il pas répondu ? & ce n'était ni par l'attrait d'une vaine curiosité, ni par le plaisir d'une ostentation plus vaine encore, qu'il se consacrait à ce travail pénible, à cette étude immense ; c'était par amour pour la Religion, dans les vues de l'utilité qu'elle tire de la science des Prêtres. C'était, selon l'esprit de St. Paul, pour être en état d'exhorter selon la saine doctrine, & de réfuter les adversaires de la Foi. (1) C'était par le noble desir de s'élever à la hauteur de son Ministère. Après des efforts si laborieux pour s'en rendre capable, il ne mit pas moins de zèle à le remplir.

Le zèle est une vertu généreuse qui inspire l'amour du bien, & le courage de le faire. C'est la passion des ames fortes : c'était le caractère de M. Pillas. Il était animé par le noble desir du bien, & commença par établir l'ordre, sans lequel le bien ne se fait jamais. En arrivant dans sa Parroisse, il jette un coup d'œil éclairé

---

(1) Ut potens sit exhortari in doctrinâ sanâ, & eos qui contradicunt arguere. *Ep. ad Tit. C.* 1.

fur toutes les parties de l'administration; il en voit de négligées, d'autres qui sont bien, mais qui peuvent être mieux; des usages utiles à établir, des abus déjà prescrits à réformer. Il avait été précédé par un homme vertueux, dont la mémoire était en vénération, dont la perte ne pouvait être réparée que par un tel successeur. Mais dans une grande Parroisse, le bien qui se présente à faire journellement ne laisse pas de loisir pour tout le bien qu'on voudrait faire. L'on voit des choses qui pourraient être mieux, mais on est encore plus frappé des obstacles qui s'y opposent: quelquefois on ne les voit pas. Les ames douces, paisibles, sont communément sans énergie; l'habitude les familiarise, la coutûme a pour elles un privilège respectable; elles ne pensent point à désapprouver ce qu'elles trouvent consacré par un long usage. Cette apathie leur évite du moins l'embarras des contradictions. Mais que ferait le zèle, s'il n'avait le courage de la résistance? M. Pillas savait que plus une chose est sage, plus elle est combattue; que le bien veut être fait avec courage. Les murmures s'élèvent contre lui, la fermentation enflamme les esprits, les plaintes éclatent; on crie à la nouveauté, au fanatisme; car nous avons toujours un nom injurieux prêt à donner à la vertu qui nous contrarie. On reproche au Curé l'entêtement, l'orgueil, l'esprit de domination Il n'avait que du zèle; il fut sourd aux vaines rumeurs. A l'exemple de l'Apôtre, (1) il marcha à son but, avec indifférence pour la détraction & pour la bonne renommée. Quand on travaille pour la vertu, qu'importe le jugement des hommes? leur censure indiscrete est un châtiment léger, leur louange insensée une récompense plus faible encore. Le bien se fait, & il suffit. Malgré les clameurs, malgré l'esprit d'indignation & de révolte, les abus disparaissent, les Bureaux d'administration sont formés sur des principes sages, la règle rentre dans l'Eglise, l'ordre s'introduit dans le Service divin; les usages du Diocèse, sagement prescrits pour l'uniformité du culte, s'établissent; la Messe de Paroisse a son heure convenable qui ne varie jamais; l'instruction du Prône devient utile, parce qu'on lui assigne un tems où ceux du moins qui assistent à la Messe sont forcés de l'entendre; & bientôt tous ces changemens si décriés sont applaudis; l'approbation est universelle; les plaintes, les murmures se convertissent

(1) Per infamiam & bonam faman 2. *Cor*. 6.

en louanges, quand ce qu'on avait pris d'abord pour goût d'innovation, pour envie de dominer, est reconnu pour le zèle le plus pur, en se caractérisant dans toutes les parties de l'administration. La Paroisse la mieux réglée est en même tems la mieux instruite.

L'instruction est le propre devoir des Pasteurs. Dieu les choisit pour être les flambeaux de son peuple, la colonne lumineuse qui éclaire la nuit dans le désert. De qui les peuples recevraient-ils la connaissance sublime de Dieu? comment aurions nous reçu le précieux dépôt de la Foi de nos ancêtres, comment le transmettrions nous à la postérité, si les Pasteurs ne le perpétuaient de race en race par le Ministère de la parole? C'est par lui que les hommes sont justes, qu'ils attachent du mérite à l'innocence, qu'ils apprennent à craindre Dieu, à aimer leurs semblables. La Religion muette ne serait-elle pas sans influence sur la Société, sur les Mœurs, si ses loix sévéres, annoncées par ses Ministres, ne mettaient un frein formidable aux passions & aux crimes? O Curés, honorés de cet Auguste ministère, si vous négligez de parler comme le Prophête, si la Religion est sans pouvoir, si les mœurs sont sans innocence, si les peuples ne connaiſſent point la crainte de Dieu ; ſi la fraude & l'injuſtice ſouillent leurs cœurs, ſi le crime déshonore leurs mains ; malheur à vous comme à lui ; tremblez : votre ſilence ſera peut-être leur excuſe : mais quelle ſera la vôtre ?

M. Pillas n'en aura pas beſoin. Son zèle nous prodigua l'inſtruction ; il s'appliqua la parole de l'Apôtre à ſon Diſciple (1) : Faites votre devoir en prêchant l'Evangile, rempliſſez votre Miniſtère ; & il la regarda comme l'objet ſpécial de ſa miſſion, comme un devoir qui lui était propre. Il était jaloux de le remplir ; il n'aimait à s'en décharger ſur perſonne ; il s'était impoſé la loi pénible d'un prône tous les Dimanches. L'uſage fût rigoureuſement obſervé ; & preſque jamais on ne vît les Vicaires le remplacer dans la chaire. Il y reparaiſſait le plus ſouvent pour le Sermon de l'après dîné ; & il ne jugea point que ce fût encore aſſez. La Prière du ſoir eſt établie, le peuple eſt rappellé de la diſſipation, tous les Dimanches, tous les jours de Carême ; une lecture édifiante eſt toujours terminée par une exhortation. Tous les momens ſont pour lui des occa-

(1) Opus fac Evangeliſtæ, miniſterium tuum imple. 2. *Thim.* 4. 5.

ſions d'inſtruire ; & toutes les occaſions ſont ſaiſies. Zèlé pour tous ſes devoirs, c'eſt pour celui-ci qu'il ſignale le zèle le plus infatigable.

Il eſt des graces diverſes pour les diverſes conditions. Entre les autres dons relatifs à ſon Miniſtère, il avait reçu celui de la parole. L'habitude, jointe au talent de parler, lui en avoit fait contracter une extrême facilité. Les paroles coulaient avec abondance de ce cœur nourri par la lecture de l'Ecriture Sainte & des Peres, rempli de tous les principes de la Théologie & de la Morale. Combien de fois ne l'avons nous pas vu, confiant dans la promeſſe de J. C. à ſes Miniſtres, (1) de ne pas leur refuſer la parole au beſoin, monter en chaire, ſans être préparé à parler, ſans avoir eu le loiſir de méditer ce qu'il devait dire, parler avec force, de l'abondance de ce cœur rempli de l'eſprit de ſageſſe? Le Prédicateur venait-il à manquer dans une cérémonie, il ne pouvait conſentir que le peuple reſtât ſans édification, que la Fête perdît de ſa ſolemnité ; il montait en chaire & le remplaçait.

Il n'aurait pas fallu chercher dans ſes diſ-

---

(1) Nolite cogitare quomodò, aut quid loquamini : dabitur euim vobis in illa hora quid loquamini. *Math*, 19.

cours cette élocution brillante, ces richesses du langage, ces ornemens du stile, ce mérite frivole si cher aux yeux de ceux qui ne prétendent que la gloire d'être éloquens. Il ne cherchait point à plaire ; il ne voulait qu'instruire ; & avec quel fruit on enseigne, quand on a fait une étude si profonde de la Religion ! quelle solidité on met dans l'enseignement, avec ce fonds immense de science & d'érudition ! ses discours avaient d'ailleurs la dignité qui naissait du sujet même, & il les prononçait avec cette force, cette onction que donne l'esprit de Dieu, avec cette éloquence naturelle qu'inspirent la persuasion & le zèle.

Orateurs étudiés, qui ne voulez qu'étaler des talens dans la chaire, plus occupés de votre réputation, que de l'édification des peuples, vous avez moins de véhémence que lui, quand il tonnait avec une sainte indignation contre les vices ; il déployait plus de pathétique, plus de sentiment que vous, quand il entreprenait de nous faire aimer la Religion, de nous inspirer ses vertus. O jour de sa gloire & du triomphe de son éloquence ! jour à jamais présent à ma mémoire, où ce Pasteur vénérable nous présenta la premiere fois pour participer au pain céleste ! Esprit de Dieu, Esprit d'onction & de Sagesse, était-ce vous qui parliez par sa bouche? un feu divin brillait sur son visage, animait l'accent de sa voix. Avec quelle énergie d'expression il caractérisait l'importance de cette premiere démarche, qui a tant d'influence sur les autres! qu'il rendait pour nous ce jour auguste & solemnel! Quelle majesté Religieuse il déployait autour de l'Autel! quel coupable eut osé en approcher! quel audacieux eut bravé l'horreur formidable, qu'il y répandait! avec quel empire il disposait de nos cœurs, & les agitait par les mouvemens rapides de la terreur & de la confiance! avec quelle effusion d'ame il se tourna vers vous, ô mon Dieu! avec quelle tendresse de pere il vous recommanda ses enfans! avec quelle piété attendrissante il implora vos bénédictions & vos gtaces en faveur de leur innocence! Il me semble voir encore une sainte horreur répandue sur l'assemblée, toutes les entrailles s'émouvoir, tous les cœurs s'attendrir: j'entends encore le lieu saint rétentir des gémissemens, des sanglots de tous les parens religieux mêlans leurs larmes à celles de leurs pieux enfans.

L'instruction n'est qu'une partie du Ministère. Son zèle l'entraînait bientôt de la

chaire

chaire au Tribunal. Vous ne vous attendez pas, M. que je ſcrute, d'un œil curieux, les ſecrets de ce Miniſtère, que je lève, d'une main indiſcrete, le voile ſacré qui doit couvrir le pénitent & le Miniſtre, & que j'évoque ſon ombre, pour rendre compte de ſa conduite dans l'adminiſtration du Sacrement de Pénitence : la prudence exige des Directeurs plus de lenteur, plus d'examen, des épreuves, des délais, qui conſtatent les diſpoſitions, & qui garantiſſent le repentir du coupable, autant du moins qu'il eſt donné à l'œil de l'homme de lire dans cet abîme impénétrable du cœur humain. Je ne conſeillerais à perſonne ſa pratique expéditive & prompte. Mais ſi cet homme, qui joignait à un zèle ardent un ſavoir profond, ne peut-être ſoupçonné d'avoir ignoré l'importance de ſon Miniſtère ; n'eſt-ce pas à nous de ſoupçonner qu'il avait des raiſons de ſa conduite ? Ne regardait-il pas ſa pratique comme une néceſſité de ſa place ? Il avait une connaiſſance exacte de ſes Paroiſſiens, & l'inſtruction publique n'était pas épargnée. Pouvait-il ſe permettre la prolixité, les longueurs en particulier, ſur-tout dans ces jours de Pâque, où les occupations étaient ſi preſſées, le tems ſi précieux ? C'était une conſolation chère à ſon zèle que

le précepte fût rempli, qu'il vît tous s
Paroissiens fidèles au devoir de la Co
munion; & qui fût venu à tour d'y êt
disposé, dans une Ville qui a le malhe
de n'avoir pas des Ministres en proporti
des besoins du Ministère? Comment aura
il suffi à la confiance publique, qu'il av
si justement inspirée? Tous les cœurs s'
dressaient à lui; ils ne s'ouvraient volo
tiers que pour lui. Son Tribunal aur
suffi, s'il avait pu suffire à toutes les co
fessions. Voyez vous cet empressemen
ce concours? Voyez-vous comme cet
multitude l'environne & le presse? ô jo
laborieux & pénibles pour lui! Il ne
donne, ni le tems des repas, ni le te
du sommeil. Le soleil levant le trouve
l'ouvrage; le soleil couchant le laisse t
vaillant encore. Il n'est pas en son po
voir de cesser tant qu'il reste quelque ch
à faire. Les conseils de ses amis sont i
puissans; les infirmités, la vieillesse,
peuvent ralentir son activité; & lorsqu'
fin la nature défaillante l'a convaincu
la nécessité de se reposer, par l'impuissa
d'agir, c'est le motif de sa retraite. Je
pourrais, dit-il à ses amis éplorés, qui co
battent sa résolution, je ne pourrais v
l'ouvrage & être oisif.

Telle est donc la vie active d'un Past

des ames ! telle est cette condition laborieuse, où le vulgaire ne voit que l'aisance, la tranquillité, le bonheur ! Infortunés ! il vous est permis d'envier tous les Etats, parce que le vôtre est le plus à plaindre de tous, parce que dans l'indigence qui vous afflige, dans le besoin qui vous dévore, vous devez regarder comme heureux quiconque n'éprouve ni l'indigence ni le besoin; parce que dans l'accablement du travail, dans l'épuisement de la fatigue, l'oisiveté, l'inaction doivent remplir pour vous l'idée du bonheur. Mais le Pasteur zèlé ne connait ni l'inaction, ni l'oisiveté; mais le Curé de Rethel fut enchainé à un travail sans relâche. Quelle contention d'esprit, quelles vastes études, quelles pénibles méditations pour apprendre son Ministère! quel travail, quelle activité ! quel mouvement pour le remplir ! Ah ! si vous étiez à portée de connaitre tout ce qu'un Pasteur souffre pour vous; les peines de l'ame, les sollicitudes de l'esprit, la vigilance sur le troupeau, l'embarras successif des affaires; si vous pouviez comprendre l'affliction du zèle, le sentiment douloureux qui déchire son cœur, quand il considére l'infructuosité de l'enseignement, les outrages faits à la Religion, la corruption des mœurs, la perte des ames ; amertume qui se répand sur sa vie, en empoisonne tous les momens : qui fait que St. Jean Chrisostome voit dans un bon Pasteur toutes les souffrances des Martyrs reunies (1). Sous ce point de vue, que vous seriez loin de l'envier ! que vos peines vous sembleraient préférables aux siennes ! Qui de vous supporterait de vivre comme M. Pillas, dans une solitude studieuse, occupée, dans l'éloignement de tous les plaisirs, loin du commerce des hommes & des douceurs de la société, qu'un cœur sensible comme le sien est fait pour goûter ? Il se refusait le tems de s'y livrer ; c'eût été un larcin fait à la Religion. Il plia son caractère, il sacrifia son goût, pour n'être occupé que de la servir. Si quelquefois il nous appellait, s'il rassemblait les Prêtres de la Paroisse à une table modeste & sans luxe, il se livrait à une gaieté vive, mais douce, & à la simplicité de ses amusemens, à l'innocence de ses badinages, à son goût pour des plaisirs qui n'avaient de piquant que leur naïveté : vous eussiez reconnu le solitaire laborieux, qui a besoin de délassement, mais qui n'a

---

(1) Bonus enim Pastor & talis, qualem Christus vult, innumeris comparatur Martyribus. *In Cap. 5 Ep. ad Rom. Serm. 29.*

pas l'usage des plaisirs. Son zèle ne s'oubliait pas long-tems ; après deux ou trois heures, la joie finissait, & il allait reprendre, dans son cabinet, ses affaires, ses livres, ses sollicitudes, ses méditations, son Ministère. Il mit toute sa gloire à le rendre utile à la Religion ; il fit son bonheur de le rendre cher aux hommes.

SECONDE PARTIE.

IL est facile à un Curé de rendre le Sacerdoce respectable ; le respect pour la Religion se porte naturellemeut vers ses Ministres. Le caractère d'interprète de la Loi, d'organe des Cieux, de médiateur entre Dieu & les hommes, fut toujours sacré pour tous les peuples. Un Curé n'a besoin que d'exactitude & de zèle ; il lui suffit de conserver par des mœurs graves, par une vie innocente & pure, le caractère de dignité que la Religion lui imprime. Mais le respect est froid & repoussant : il n'a de prix qu'aux yeux du superbe : si un Curé veut être aimé, & il importe qu'il le soit pour l'utilité de son ministère, c'est par d'autres vertus qu'il y doit réussir : c'est au sentiment à s'inspirer lui-même ; aimez, & l'on vous aimera. Pasteur si vous desirez vous attacher les cœurs par la douce reconnaissance, si c'est un plaisir pour vous d'entendre prononcer votre nom avec attendrissement, si vous voulez que votre mort soit une perte publique, que votre nom chéri & révéré reste long-tems en bénédiction dans la mémoire des hommes ; soyez bon, ayez un cœur sensible ; dites-leur comme J. C. : Je suis le bon Pasteur, je donnerais ma vie pour vous : montrez de l'intérêt dans leurs peines, de la commisération dans leurs souffrances ; soyez leur consolateur & leur pere ; volez à leurs secours dans leurs besoins, relevez leur courage dans l'abattement, dirigez-les par vos conseils dans les choses difficiles ; réjouissez-vous avec eux dans leurs prospérités, pleurez ensemble dans leurs afflictions. Bientôt vous serez chéri à l'égal d'un Dieu ; tous les vœux demanderont au Ciel de prolonger vos années, & votre vie, comme un bien public, sera payée, s'il le faut, par les plus chers sacrifices. C'est ainsi que St. Paul avait mérité d'être aimé ; c'est ainsi que tous les cœurs étaient à lui jusqu'au dévouement. (1) S'il eut été possible, disait-il aux fidèles, vous

(1) Oculos vestros eruissetis, mihique dedissetis, si fieri posset, ad Gal. 4.

vous fussiez arraché les yeux & me les eussiez donnés. Récompense bien douce de ses travaux ! confiance bien consolante pour un cœur sensible ! C'est par des exemples moins admirables, moins héroïques, sans doute, mais toujours grands & sublimes, que M. Pillas rendit respectable & cher le nom de Pasteur ; & ce deuil, cette désolation générale, ce concours tumultueux autour de sa tombe, ces louanges, ces bénédictions répetées par toutes les bouches, le sentiment douloureux qui presse tous les cœurs, ces honneurs même extraordinaires que nous rendons à sa mémoire, dans cette triste cérémonie, ce témoignages funébres de notre vénération & de notre amour, qui nous les inspire ? C'est qu'il fit son bonheur d'être aimée : c'est qu'il fut l'ami de tous les Citoyens par un caractère de bonté, & le pere des pauvres par ses bienfaits.

C'est le privilége de la bonté d'être aimée ; on plaît par les agrémens de l'esprit, on séduit par les graces, par l'urbanité des manières, les talens obtiennent de l'estime, de l'admiration, si vous voulez : les cœurs ne se donnent qu'à la bonté. Chose étrange que ce soit un plaisir si doux d'être aimé, que ce plaisir soit si facile & pourtant si rare ! c'est qu'un trait de bonté ne peut échapper qu'à celui que la nature fait bon. M. Pillas l'était : ce sentimen heureux, cet esprit d'amour & de bienveillance s'étendait à toute sa Paroisse. Qu de nous n'aimait il pas ? Mais ce sentimen était plus marqué pour vous, il vous ai mait de préférence, portion de la société si vile aux yeux de l'autre, comme ce n'était pas assez de vos peines, de vo miséres, de vos besoins, sans ajoûter l mépris à vos infortunes ! Il vous dédommageait de cette injustice, par un accuei gracieux, par une carressante affabilit' L'homme du peuple entrait dans son appartement, il croyait n'en avoir été jamai apperçu ; il était étonné d'en être connu de s'entendre appeller par son nom, d'oui des anecdotes, des particularités satisfaisantes sur sa famille ; que sa conduite, l'éducation de ses enfans, sa situation domestique, n'avait pas échappé à l'attention de M. Le Doyen. Cette popularité le flattait, lui donnait la confiance de parler ; & il remportait la vanité si précieuse, si douce pour les petits, de n'être point universellement indifférent, oublié ; d'inspirer quelque intérêt, de mériter la considération de ceux qui sont au-dessus de lui. Aussi le peuple n'hésitait-il point à venir lui demander des services, des consolations, des conſeils : il lui portait toutes ſes affaires ; diſputes d'intérêt, querelles étrangères ou domeſtiques, diviſions de famille ; tout reſſortiſſait à ſon Tribunal. Il les conſeillait avec ſageſſe, il les pacifiait par ſa douceur ; & avec quelle ardeur, quel zèle, quel empreſſement ne les obligeait il pas ! heureux doublement quand il avait réuſſi ; heureux de leur propre joie & d'en avoir été la cauſe.

Il ſerait déſeſpérant pour le pauvre d'être condamné ſeul à ſouffrir. Il eſt d'autres peines peut être plus cuiſantes que la miſére, la pauvreté, les beſoins ; le riche ſouffre auſſi ; il avait beſoin de venir chercher des conſolations chez M. Le Doyen. De combien de peines il était le confident ! de combien de ſecrets douloureux il était dépoſitaire ! ſon cabinet était à mes yeux un temple ſacré. Cette idée de ſanctuaire de la confiance publique a quelque choſe de vénérable & de touchant Je n'y entrais jamais ſans éprouver une vénération religieuſe. C'eſt le point, me diſais-je, où viennent ſe concentrer les miſéres, les infortunes des hommes, les malheurs attachés à l'état ſocial. C'eſt là qu'un mari déſeſpéré vient dévoiler ce qu'il voudrait ſe cacher à lui-même, ſon opprobre, le ſcandale de ſa maiſon, les excès encore ſecrets d'une épouſe criminelle : que plus ſouvent encore une femme plongée dans l'amertume, pénétrée d'affliction, vient confier ſes larmes, déplorer les infidélités d'un époux volage, la perte de ſa tendreſſe, des liaiſons honteuſes qui déchirent ſon cœur, l'inutilité des ſacrifices qu'elle a faits à la paix, & qu'elle n'a plus le courage de faire. C'eſt là qu'une mere, toujours tendre dans ſon affliction, ne pouvant plus contenir un pere emporté, furieux dans la ſienne, l'amène confier ſon chagrin, le plus ſenſible, le plus déchirant peut-être pour un pere, l'égarement de ſes enfans, l'oubli de l'honneur, les fureurs du libertinage, la honte du préſent, l'horreur de l'avenir, & recevoir des conſolations, prendre des conſeils. C'eſt là que l'indigent, encore ſous les vêtemens de l'aiſance, à l'abri du mépris attaché à la miſére, aprés s'être long-tems laiſſé conſumer les entrailles par le beſoin rongeur, incapable d'une plus longue ſouffrance, vient chercher une ame ſenſible & ſecourable, pour céder à l'horrible néceſſité de déclarer ſa faim, ſes beſoins, ſon déſeſpoir. C'eſt-là que cet homme vertueux voit couler des larmes amères, entend des gémiſſemens ſourds, des ſanglots ſuffoqués ; c'eſt-là qu'il contemple avec attendriſſement combien les hommes ſont à plaindre, & que ſon cœur eſt déchiré par le ſpectacle des miſéres qui affligent la ſociété. Ils ne nous appellent point à leurs plaiſirs, nous diſait-il quelquefois avec le ſourire de l'humanité ; ils ne nous font partager que leurs amertumes. Mais quel rôle honorable, au-deſſus de tous les plaiſirs, d'être rappellé au ſouvenir des hommes par le beſoin de leurs cœurs, d'être le confident & le conſolateur de leurs miſéres !

Ce Miniſtère eſt grand, précieux à l'humanité ; mais il eſt triſte & douloureux. Il faut aimer les hommes pour le remplir. Par cette raiſon, il était fait pour vous, homme ſenſible & compatiſſant. Il nous aimait, & ſa tendreſſe le lui rendait précieux, Le malheureux ne venait jamais à contretems ; il avait droit à tous ſes momens ; ſon cœur était toujours prêt à s'ouvrir pour lui. Il avait de la complaiſance pour l'entendre ; il entrait dans ſes peines avec intérêt ; il s'attendriſſait avec bonté ; la ſenſibilité donnait à ſon organe une expreſſion touchante ; elle lui inſpirait, ou des conſeils lumineux, ou des exhortations pathétiques, de ces leçons ſublimes qui inſtruiſent à ſupporter & à ſanctifier le fardeau de la vie, les maux de la nature, & les maux plus grands encore de la société. C'était son talent de consoler les misères humaines ; il était fait pour parler à l'humanité malheureuse & souffrante ; c'était son triomphe. Qu'il était admirable dans cette cérémonie triste, qu'il avait rendue solemnelle, où il portait la Communion aux malades de sa Paroisse ! qu'on avait de plaisir à le suivre, pour s'édifier par ces exhortations courtes, mais pathétiques, qu'il leur adressait ! Entrait-il dans vingt maisons, il prenait vingt langages différens ; & toujours il adaptait ses paroles aux circonstances, au caractère, à la condition des personnes. Le passage de l'Écriture, par lequel il terminait, semblait choisi pour elles, & leur convenait. Avec quelle éloquence il donnait du prix aux souffrances, & les rendait précieuses ! avec quelle force de raison il relevait le courage ! quelles consolations touchantes il tirait de la Religion ! il semblait entendre la Piété même inspirer la sommission à la Providence, la résignation Chrétienne. L'Onction de ses paroles pénétrait jusqu'à l'ame, elle y suspendait le sentiment de la douleur ; il laissait le malade calme & tranquille, persuadé de l'utilité de ses souffrances, & faisait presque regretter à ceux qui l'écoutaient de ne pas souffrir pour J. C. Ce n'eſt point l'art, ce n'eſt point l'eſprit qui inſpirent ce langage ſimple & ſublime ; ils ne ſuppléent jamais le ſentiment. O amour de l'humanité ! tendreſſe de ſon cœur pour nous, c'était vous qui le pénétriez ! O douce ſenſibilité, c'eſt vous qui lui inſpiriez cette abondance de paroles, ces raiſons fortes ou tonchantes, cette éloquence de l'ame, avec laquelle il diſpoſait de nos cœurs, en guériſſait les bleſſures profondes, & nous donnait le courage de ſupporrer nos afflictions, ou la ſageſſe de nous en conſoler. Ami de tous les Citoyens par ſa bonté, il était le pere des pauvres par ſes bienfaits.

La bienfaiſance n'eſt qu'une forme de la bonté ; c'eſt la même vertu miſe en action : leur ſource commune eſt ce ſentiment de compaſſion pour l'être ſouffrant, cette ſenſibilité vive des miſéres humaines, cet attendriſſement pour le malheureux, qui fait éprouver un beſoin généreux de le ſoulager. La bonté bienfaiſante ouvre ſon ſein aux épanchemens de ſa confiance, elle eſſuie ſes larmes, & pleure avec lui. La bienfaiſance ajoûte l'action au ſentiment, elle épanche les tréſors de la libéralité, elle répand les ſecours de la richeſſe ; c'eſt du pauvre qu'elle essuie les larmes. Elle donne un asyle à l'orphelin délaissé ; elle donne des vêtemens & du pain au vieillard impuissant, dont l'âge & le travail ont brisé les bras ; elle porte, avec une discrétion délicate, l'abondance dans cette famille honnête, à qui un honneur cruel rend plus aisé de mourir en silence, que de rougir ; ou dans cette famille nombreuse, à qui un pere laborieux distribue un pain trop partagé, & qui ne suffit pas. Elle pénétre dans ces gouffres horribles, séjour des lamentations, des gémissemens, où notre barbarie enchaîne si souvent l'innocent au coupable : elle n'y voit qu'un malheureux : elle souleve sa chaîne ; elle couvre de chaume la pierre où il couche ; elle rassasie la faim dont il expire inhumainement la victime, au moment que son innocence éclate, & qu'on apprend qu'il était digne de vivre plus heureux Le spectacle de la misere est un supplice pour elle ; son cœur se serre, la pitié la suffoque, elle ne respire qu'en la soulageant. Telle est la bienfaisance, vertu de l'homme humain, de l'homme véritablement bon. Ce nom n'est pas dû à l'ame sans caractère, qui n'éprouve jamais que des commencemens de sensibilité, dont la commisération faible expire en naissant ; qui ſouffre de la vue du pauvre, mais qui en eſt quitte pour détourner des yeux indifférens, ou dont la pitié ſtérile ne ſait que plaindre, s'attendrir, verſer des larmes inutiles, où il faudrait ne répandre que d'utiles ſecours.

C'eſt à la bienfaiſance à rendre le Sacerdoce reſpectable & cher. Curés, il faut que la charité ſoit votre vertu. Si l'avare intérêt eſt toujours odieux, il eſt monſtrueux dans un Paſteur ? Comment êtes-vous les peres des peuples, s'il vous eſt indifférent que vos enfans expirent de beſoin, ou languiſſent dans la miſere; que l'orphelin vous accuſe au Ciel de ſa nudité; ſi vous ne vous reprochez pas de vivre dans l'abondance, au milieu d'une famille déſolée qui ſouffre la faim, qui ne ſe nourrit que de larmes; ſi vous n'entendez pas le Ciel indigné vous réprouver comme ces Paſteurs infidèles d'Iſraël, (1) qui ſe nourriſſaient, dit le Seigneur, de la ſubſtance du pâturage, ſans s'embarraſſer de la nourriture du troupeau? *Paſtores paſcentes ſemetipſos, & greges meos non paſcebant.*

Mais pourquoi mettre la bienfaiſance

---

(1) Paſtores paſcentes ſemetipſos, & greges meos non paſcebant. *Ezech.* 34.

en leçon ? contre la dureté d'ame l'indignation est vaine, le reproche est impuissant. Le froid intérêt est sans pudeur comme sans oreille ; il ne rougit point devant l'humanité ; sa voix ne l'attendrit pas ; & l'ardente charité n'a pas besoin qu'on la conseille. Il ne fallait pas solliciter M. Pillas ; la pitié parlait assez à son cœur. Un pauvre ! comme à ce mot ses entrailles frémissaient ! un pauvre ! comme son cœur volait au-devant de lui ! quel bonheur il sentait à le soulager ! l'idée de l'indigence déchirait son ame. Il ne pensait qu'en soupirant au tableau de tant de miseres qui affligeaient sa Paroisse. Quelle saison pour lui que l'hiver ! avec quelle affliction il pensait que tant d'infortunés, de faibles enfans, de femmes délicates, de vieillards infirmes, manquaient de vêtemens & de nourriture, &, pour comble de maux, étaient exposés sans feu aux rigueurs de cette saison si délicieuse pour les riches, si dure pour les pauvres ! Quelles étaient ses inquiétudes, l'oppression de son cœur, dans ces années de pénurie, où la cherté des vivres augmente les souffrances du pauvre & le nombre de ceux qui souffrent ! Dans ces calamités publiques, sa charité n'avait point de borne ; il ne tenait plus à aucun objet ; les ſacrifices ne lui coûtaient rien pour remplir le beſoin le plus preſſant de ſon cœur. Alors ſes greniers ſe vuident dans ceux de l'Hôpital général ; ſon bois va ſe conſumer dans le foyer du pauvre, ſon vin le ſoutient dans ſes maladies, ſes vêtemens, ſon linge habillent ſa famille. Vous me pardonnez ces détails : tout ce qui caractériſe l'homme vertueux intéreſſe : la charité annoblit tout. Son linge était ſur-tout une matière commune de ſes libéralités ; il le diſtribuait, remeublait ſa garde-robe, & en manquait toujours. Il s'était laiſſé ſéduire par un objet de luxe, que ſa fortune pouvait lui permettre, mais étranger à ſes principes. Quelques pieces d'orfévrerie brillaient ſur ſa table ; c'était une petite diſtinction qu'il y voyait avec complaiſance ; cette ſatisfaction ne dura guère. Une diſette ſurvint : comme nous vîmes l'élégante vaiſſelle retourner à l'Orfévre ! Lui, conſerver du ſuperflus, quand le peuple manquait du néceſſaire, étaler du luxe, quand les pauvres ſouffraient la faim ; goûter, au milieu des miſeres publiques, un plaiſir d'oſtentation, une ſatisfaction frivole, à un prix qui pouvait répandre à la fois le ſoulagement dans vingt familles ! Homme ſimple & modeſte, je ne vous reconnais pas à ce faste passager ; mais vous êtes vous-même quand vous le sacrifiez.

Ce n'est point qu'il prodiguât toujours des trésors. La Cure de Rethel, d'un revenu modique, est un poste malheureux pour un Pasteur bienfaisant. Ce fut le sort de M. Pillas de passer sa vie à faire du bien, & à souffrir de celui qu'il ne pouvait faire. Dans nos villes brillantes, où l'indigence est attirée par le luxe même, où s'accumulent tant de miseres, où se concentrent tant de malheureux, l'homme pitoyable, dont le plaisir est de faire du bien, a plus de chagrins que de jouissances ; il n'en fait jamais assez. Les sources de la bienfaisance s'épuisent ; la misere pullule & surabonde ; son aspect le persécute encore, & fait toujours son supplice. L'humanité manque de discrétion ; le sentiment agit & ne raisonne pas. M. Pillas saisissait l'occasion présente, sans prévoir l'occasion prochaine ; il donnait sans mesure ; il donnait tout ce qu'il pouvait donner ; & bientôt il était réduit à voir des miseres qu'il ne pouvait que plaindre, à se laisser déchirer le cœur par des cris lamentables qu'il était dans l'impuissance d'appaiser : situation moins cruelle pour le pauvre qui endure le refus, que pour l'homme bienfaisant qui le prononce ! mais ce tourment, il se l'épargnait autant qu'il était en lui. Econome rigide dans sa maison, pour répandre avec profusion sur les pauvres, indifférent pour tout ce qui ne se rapportait qu'à lui, d'un oubli profond de soi-même, il leur sacrifiait ses goûts, il dédaignait pour eux les commodités, les agrémens de la vie. La dépense de sa table était bien au-dessous de sa fortune. Ce n'est point à lui qu'Ezéchiel dit (1) : Vous buviez le lait du troupeau, vous étiez habillé de sa laine ; le mouton le plus gras était égorgé pour vos festins. Il avait bien plutôt, comme Samuël (2) & S. Paul, (3) le droit de prendre le peuple à témoin de son désintéressement, lui, qui regardant le revenu de son bénéfice comme la légitime sacrée des pauvres, la leur dispensait avec scrupule : lui, qui maître d'une fortune honnête, ne connut jamais l'aisance ; & dont les fonds épuisés par ses bienfaits, suffirent à peine à ses besoins dans sa retraite.

J'hésitais à le prononcer ce mot de re-

---

(1) Lac comedebatis, & lanis operiebamini, & quod crassum erat occidebatis; gregem autem meum non pascebatis. *Ezech.* 34.

(2) *L.* 1. *Reg. C.* 12.

(3) *Act. Ap. C.* 20.

traite, j'héſitais à rappeller au pauvre l'époque de ſa déſolation, le ſujet de ſes larmes; à renouveller dans les cœurs de tous les Citoyens le ſentiment de la perte publique. Oui, ce vieillard vénérable, blanchi dans les travaux de l'Apoſtolat, conſumé par ſon zèle, plus que par les années, achève dans le repos d'une condition privée, dans les exercices d'une piété tranquille; les reſtes paiſibles d'une vie paſſée dans les mouvemens, les ſollicitudes, l'activité du Miniſtère. Qu'elle eſt délicieuſe & pure, la retraite de l'homme juſte! que je m'en fais une idée douce & touchante! conſcience d'une vie bien paſſée! ſouvenir du bien qu'on a fait! ſentiment heureux de n'avoir fait que du bien, de ne ſe rappeller pas un moment qui n'ait été conſacré par des ſervices rendus à la Religion où à l'humanité! Quel charme conſolant vous mettez dans ſon cœur! qu'elle eſt céleſte la confiance qu'on eſt digne des regards de Dieu & des bénédictions des hommes! mais ces jouiſſances, ce prix de vos vertus, vous les euſſiez trouvés parmi nous. Avez vous cru obtenir ailleurs plus de reſpect & d'amour? Ah! qui doit vous chérir & vous révérer plus que nous? ou quels objets pouvez vous aimer vous-même plus que vos enfans!

Il céde à mes reproches, à ceux de son cœur; il se repent d'avoir cherché une autre famille, une autre patrie, que celle que Dieu lui avait donnée. Comme nous lui étions chers encore! avec quel plaisir il nous revoyait quelquefois dans sa solitude! comme la présence de ses enfans renouvellait ses regrets! non, il ne mourra point sans nous revoir. C'est un besoin de son cœur, qu'il veut satisfaire. L'impatience de son ame donne la force à son corps. Il vient . . . . Ah! mon pere, ah! venez jouir de l'amour, de la reconnaissance de vos enfans; venez recueillir les sentimens que vous avez inspirés; venez jouir de tout le bien que vous avez fait. Avec quelle bonté il accueille les marques de l'affection, de la tendresse publique! son cœur s'émeut au milieu de cette foule reconnaissante; des larmes tombent de ses yeux. Larmes du juste! larmes délicieuses! plaisir de l'ame! bonheur intime! la vertu n'est donc point inutile, puisqu'elle peut goûter des plaisirs si purs sur la terre, en attendant la récompense immortelle, qui lui est préparée dans les Cieux!

Est-ce à nous de la lui envier? est-ce à nous de nous plaindre qu'il la reçoive? Notre reconnaissance, notre amour, tous nos ſentimens, tous nos vœux, c'eſt tout ce que des hommes peuvent pour la vertu ; c'eſt le prix le plus ſenſible, la récompenſe la plus précieuſe pour le juſte ; c'eſt ſa bénediction ſur la rerre. Mais ce prix quelque touchant qu'il ſoit, n'eſt point proportionné au mérite de la vertu. Dieu ſeul peut la récompenſer d'une maniere digne de lui, digne d'elle. Eh ! ne pouvons nous pas avec confiance, dire de lui ce que S. Grégoire de Niſſe diſait du Grand Méléce, (1) en lui rendant les mêmes devoirs funébres ? la mort d'un tel homme eſt honorable & précieuſe devant Dieu. *Honorata ac pretioſa coram Deo talis viri mors eſt.* Ce n'eſt pas même une mort ; ce n'eſt qu'une diſſolution. Vous avez diſſout mes liens, s'écrie-t-il avec le Prophête : *Dirupiſti, inquit, vincula mea.* Il eſt entré dans la terre de promiſſion ; il approfondit avec Dieu, ſur la ſainte montagne, les Myſtères de la Philoſophie des Cieux : *In monte cum Deo Philoſophatur.* La Providence nous la retiré ; mais elle ne nous le devait pas ; ſur-tout elle ne nous le devait pas ſi long-tems. Rendons lui graces d'avoir joui tant d'an-

---

(1) In funere magni Melecii.

nées du fruit de ſes vertus, d'avoir permis que pendant trente-ſix ans nous ayons été les objets de ſes bontés ; que nos pauvres ayent recueilli ſes bienfaits, les effets de ſa miſéricorde & de ſa charité.

Béniſſons là, ſur-tout, de remplacer un bienfait par un autre ; de ſon attention ſingulière à donner toujours à cette Paroiſſe des Paſteurs ſelon ſon cœur. En perdant M. Pillas, elle le retrouve dans ſon diſciple. Cet autre Eliſée à hérité de cet autre Elie le double eſprit qu'il avait reçu de Dieu, ſon zèle pour la Religion, ſa tendreſſe bienfaiſante pour nous. C'eſt la même charité ſecourable pour les pauvres, les mêmes entrailles de miſéricorde pour les malheureux. Quelle ſolidité dans l'enſeignement ! quelle onction touchante ! quelle rare union de l'éloquence de l'ame, & de celle de l'eſprit ! ſa piété nous édifie, ſa candeur nous intéreſſe ; ſes diſcours enſeignent la vertu, ſa vie en eſt l'exemple ; ſon caractère la fait aimer. Conſervez, ô mon Dieu ! le don précieux que vous nous avez fait ; veillez ſur ſes jours ſi néceſſaires à la ſatisfaction de cette Paroiſſe ; qu'il ſoit l'objet de vos bénédictions comme des nôtres. Donnez ſur-tout, donnez la force à ce corps trop faible pour l'eſprit qui l'anime.

Dieu nous prodigue ses dons : ses graces, ses faveurs ne nous sont pas épargnées. Ne ferons-nous point d'éfforts pour être dignes de ses miséricordes ? Aurions nous le malheur d'être ce peuple infidèle dont il est écrit : (1) Aveuglez son cœur, fermez ses oreilles, mettez un bandeau sur ses yeux ; de peur que ses yeux ne voyent, que ses oreilles n'entendent, & que son cœur n'ait l'intelligence. Que d'instructions ont été inutiles à notre salut ! combien d'exemples de vertu negligés ! c'était une affliction de M. Pillas. Il voyait, avec un sentiment douloureux, l'impuissance de son zèle contre l'esprit du siécle, & malgré tous ses efforts, la foi s'affaiblir, le vice s'accréditer, les mœurs se corrompre. Ah ! sans doute, maintenant qu'il est placé plus près de Dieu, il s'en afflige encore devant son Trône ; il lui présente ses prieres & ses larmes. Que dis-je ? (2) Il n'est pas éloigné de nous. *Non ablatus est à nobis.* Sans que nous le voyons, il est au milieu de cette assemblée ; il est dans l'intérieur

---

(1) Excæca cor populi hujus ; & aures ejus aggrava, & oculos ejus claude, ne fortè videat oculis suis, & auribus suis audiat, & corde suo intelligat. *Isaie. C. 6. v. 10.*

(2) Ibid.

de ce Sanctuaire : *In aditis ac penetralibus Sacerdos est.* Devant cet Autel, où nous allons offrir pour lui les Mystères de propitiation, qu'il offrit si long-tems pour nous, il exerce encore un Sacerdoce de la charité, il intercéde pour nous ; il demande grace pour les égaremens de son peuple : *Intercedit pro nobis & populi erratis.* Il demande que la vertu fleurisse dans sa Paroisse, que les instructions de son Successeur soient plus fructueuses que les siennes ; que son zèle, aussi pur, aussi ardent, soit en même tems plus heureux. Rappellons-nous à son esprit, pratiquons du moins quelques-unes des vertus qu'il nous a enseignées ; imitons celles dont il nous a donné l'exemple. Ayons, pour pratiquer les devoirs de la Religion, le zèle qu'il avait à nous en instruire. Ayons les uns pour les autres la charité qu'il avait pour nous ; aimons nos freres comme il aimait ses enfans ; aimons-les de cet amour actif, généreux, qui plaint leurs miseres & qui les soulage. Ayons des entrailles sensibles ; soyons miséricordieux, comme notre pere céleste l'est dans les Cieux, comme notre pere spirituel le fut parmi nous. Goûtons le plaisir de la vertu, le plaisir de faire du bien & méritons pour récompense le souverain bien, qui est Dieu même.

FIN.

APPROBATION.

J'Ai lu un Manuſcrit qui a pour titre : Eloge funèbre de Meſſire PIERRE PILLAS, CURÉ DOYEN DE RETHEL, & *je n'y ai rien trouvé qui puiſſe en empêcher l'impreſſion.*

DE LA GEARD, Vic. Gén.

Permis d'imprimer & diſtribuer. A Charleville, ce 12 Janvier 1784.

SIMONNART.

www.ingramcontent.com/pod-product-compliance
Ingram Content Group UK Ltd.
Pitfield, Milton Keynes, MK11 3LW, UK
UKHW022140170726
13837UKWH00004B/1691

9 782019 926526